RAPPORT

SUR

LE CONGRÈS

DE BALE

PAR G. MOLLIN

Délégué du Cercle Parisien des Prolétaires positivistes.

Ordre et Progrès.

———

Prix : 75 cent.

———

PARIS

ARMAND LE CHEVALIER, ÉDITEUR,

RUE DE RICHELIEU, 61,

—

Mars 1870

RAPPORT

Sur le 4ᵉ Congrès de l'Association internationale des Travailleurs,
tenu à Bâle (Suisse) au mois de septembre 1869,

PAR

Gabriel MOLLIN

Ouvrier doreur sur métaux, délégué du Cercle parisien
des Prolétaires positivistes.

———

MESSIEURS,

En décidant l'envoi d'un délégué au Congrès de Bâle, notre unique but était de porter à la connaissance des travailleurs occidentaux qu'en dehors des *Individualistes* (économistes et mutuellistes) et des *Communistes* (communistes proprement dits et collectivistes) il existait une doctrine embrassant complétement l'ensemble des manifestations humaines : *pensées, sentiments, actes,* et les connaissances correspondantes : *science, arts, industrie.*

C'est dans ces conditions que j'acceptai le mandat sur lequel vous aviez inscrit ces mots : *liberté, responsabilité.*

Je ne vous entretiendrai pas des détails de réception,

certains journalistes en ont suffisamment parlé ; je dirai seulement que nous avons été reçus dans des conditions de fraternité surpassant toute attente.

Deux faits relatifs à la composition du personnel du Congrès m'ont singulièrement frappé.

Le premier, que j'ai constaté avec satisfaction, consistait en ce que la délégation était complétement occidentale. Les populations française, italienne, espagnole, britannique et germanique y avaient des représentants. C'était bien la réunion de délégués appartenant à ce groupe qu'Auguste Comte désigne sous le nom de République occidentale, et que le Directeur actuel du Positivisme, M. Pierre Laffitte, définit ainsi : « La Répu-« blique occidentale est l'ensemble des populations « qui, soumises au régime catholico-féodal, ont parti-« cipé au mouvement de décomposition de ce régime « depuis le XIVe siècle, et développé de plus en plus « leurs relations mutuelles depuis cette époque, sous « la prépondérance graduelle du régime industriel et « pacifique.

« Cette définition, historique comme doit l'être toute « véritable définition sociale, circonscrit nettement un « tel groupe.

« Ces cinq grands États, nécessairement indépen-« dants, forment une collection qui, ayant la même « série d'antécédents, a, par suite, une similitude « fondamentale de mœurs, d'habitudes et de ten-« dances (1). »

Le second fait était moins satisfaisant ; la présence d'avocats, de publicistes, de commerçants, de rentiers, de journalistes, d'économistes et d'étudiants, dans un congrès de l'Association internationale des travailleurs, me semblait aussi contradictoire que la présence de libres penseurs dans un concile d'évêques.

(1) *L'Inde,* par Richard Congrève, introduction par Pierre Laffitte, p. 30.

Après la vérification des pouvoirs, j'appris que mon mandat avait motivé des contestations; une des objections portait sur ce que notre groupe n'était pas affilié à l'Association internationale.

On serait porté à croire que certaines personnalités considèrent les congrès de l'Internationale comme leur propre chose, et qu'aucun élément nouveau ne doit y pénétrer.

L'Association internationale des travailleurs a été dissoute à Paris par les tribunaux; deux commissions ont été successivement condamnées. Faudrait-il, pour satisfaire de soi-disant rénovateurs, qu'aux époques des Congrès, nous soyons comme l'année dernière enfermés à Sainte-Pélagie?

L'injustice et la partialité de leurs récriminations sont évidentes; des délégués qui n'ont, ni eux ni leur groupe, fait, à aucune époque, partie de l'Association internationale, ont été admis dans les conditions que tout délégué porteur d'un mandat régulier devait attendre. N'étant pas présent au moment de la discussion, je me borne à vous signaler que l'attaque est partie des rangs de ceux qui, l'année dernière, au Congrès de Bruxelles, malgré leur incompétence en pareille matière et tout en qualifiant Auguste Comte de père de la philosophie positive, ont mutilé sa hiérarchie scientifique.

Voici, du reste, en quels termes le *Réveil* du 10 septembre signala le fait :

« Dès la vérification des pouvoirs s'est manifesté une tendance regrettable qui semble dominer la majorité des membres du Congrès : la séparation de la question politique de la question sociale.

« Un ouvrier parisien, M. Mollin, se présentait au
« Congrès en vertu d'une délégation délivrée par un
« groupe d'individus n'ayant pas le caractère d'une
« association ouvrière et ne se rattachant pas en tant
« que groupe à l'Internationale. On contesta à M. Mollin

« le droit de faire partie du Congrès, et les objections
« faites à son admission indiquaient suffisamment, de
« la part de ceux qui les présentaient, la peur d'ou-
« vrir par ce précédent une porte à la politique. L'os-
« tracisme réclamé eût été d'autant plus injuste que
« M. Mollin est un des courageux citoyens qui ont été
« poursuivis pour avoir fait partie du Comité parisien
« de l'Association internationale des travailleurs, et
« qui ont si fermement et si éloquemment revendiqué
« leurs droits devant le Tribunal de la Seine et la Cour
« de Paris ; d'ailleurs, le groupe qui a décerné un
« mandat à M. Mollin est un groupe réel de travailleurs
« qui compte dans son sein plusieurs anciens membres
« de l'Internationale. Rejeter la délégation de M. Mollin
« eût été à la fois une ingratitude et une injustice.
« Malgré ces excellentes raisons, la discussion fut vive ;
« les délégués français et le vice-président Bruhin dé-
« fendirent les droits de M. Mollin, et, après une vive
« discussion, finirent par l'emporter. »

L'incident fut terminé par mon admission au même
titre que les autres délégués ; mais une commission fut
nommée dans le but d'étudier les conditions que devront
remplir les délégués des futurs Congrès.

Cet incident donna lieu à la lettre suivante, publiée
par le *Réveil* du 20 septembre :

« Paris, 17 septembre 1869.

« Monsieur le rédacteur,

« En apprenant par la voie de votre journal que le
« mandat du citoyen Mollin, notre délégué au Congrès
« de Bâle, avait été seul l'objet de contestations, notre
« premier mouvement fut de protester immédiatement
« contre cet acte d'injustice inqualifiable ; mais en
« l'absence de renseignements directs, nous avons dû
« attendre le retour de notre mandataire.

« C'est avec satisfaction que nous avons appris que

« les délégués ouvriers, les français principalement,
« avaient soutenu notre cause avec énergie ; nous les
« en remercions.

« Il nous aurait été pénible d'apprendre que des ou-
« vriers procèdent à l'égard des prolétaires positivistes
« de la même façon que les académiciens et les jour-
« nalistes (exceptions faites) ont procédé à l'égard de
« l'École à laquelle nous avons l'honneur d'appartenir
« et qui a pour principe : *Famille, Patrie, Humanité.*

« C'est cette école qui, dès 1822, par l'organe de son
« fondateur, indiquait le but de l'évolution humaine ;

« C'est elle qui poursuit activement, et malgré le
« silence concerté de la presque totalité des journa-
« listes, le régime rationnel et pacifique, en substituant
« la science à la théologie et l'industrie à la guerre ;

« Ce sont des positivistes qui, en 1848, alors que
« les républicains n'étaient pas émancipés des idées
« théologiques et militaires, puisqu'ils demandaient aux
« baïonnettes *intelligentes* de former un rempart à l'idée
« et aux évêques la bénédiction des arbres de liberté,
« ce sont, disons-nous, des positivistes qui réclamè-
« rent l'abolition des armées permanentes, l'abolition
« du budget des cultes et de l'Université, la séparation
« de l'Église et de l'État, etc. ;

« C'est cette doctrine qui prononça, dès 1842, la con-
« damnation formelle du bonapartisme ;

« C'est elle qui concilie l'*ordre*, condition essentielle
« de l'existence sociale, avec le *progrès*, ou loi du mou-
« vement de la société.

« La république universelle, vers laquelle tend le
« Positivisme, n'est que le régime des *lois naturelles*,
« appliquées par des volontés libres et éclairées.

« Il eût été, en effet, singulier que le Positivisme
« n'eût pu être représenté au Congrès de Bâle, où l'In-
« dividualisme et le Communisme l'étaient si large-
« ment.

« Nous protestons contre la situation que l'on a

1.

« voulu faire aux délégués de Paris ; nous avions cru
« que les délégués qui habitent des pays libres et
« qui peuvent, par conséquent, s'affilier à l'Interna-
« tionale sans compromettre leur position, auraient
« tenu compte de la condition exceptionnelle qui est
« faite aux Parisiens.

« Nous leur rappellerons que, lors des poursuites, au
« moment où Paris ne comptait que quatre-vingts ci-
« toyens soutenant l'Association internationale des tra-
« vailleurs, nous étions de ce nombre ; nous ne sau-
« rions donc être suspectés. Nous sommes encore prêts
« à faire le sacrifice de nos personnes, mais nous vou-
« lons qu'il y ait utilité et opportunité.

« Recevez, monsieur le rédacteur, l'expression de
« nos sincères sentiments.

> « L. GRANJON, ouvrier brossier, membre de la
> « dernière Commission parisienne de l'Associa-
> « tion internationale des travailleurs, rue de
> « Sébastopol, 15.

> « BERTRAND, tailleur de cristaux, ancien mem-
> « bre de l'Internationale, rue de Meaux, 26.

> « SIMONET, brossier, ancien membre de l'In-
> « ternationale, rue de Sébastopol, 14. »

Revenons au Congrès.

Plus de trois jours furent employés à la lecture du
rapport du Conseil général et des nombreux rapports
des groupes ou sections de l'Association ; ces différentes pièces constataient le développement de l'Internationale, les misères de toute nature que suppor-
tent les travailleurs et l'ardent désir de sortir de cette
situation, résultat de l'anarchie industrielle.

La première question du programme fut mise à l'ordre du jour le jeudi 9 septembre ; M. de Paepe soumit
au Congrès les résolutions suivantes, prises par la

Commission chargée d'étudier la question de la propriété foncière :

1° Le Congrès déclare que la société a le droit d'abolir la propriété individuelle du sol et de faire entrer le sol en communauté ;

2° Il déclare encore qu'il y a nécessité de faire entrer le sol à la propriété collective.

Quant à la manière dont la société devrait organiser le travail agricole, deux opinions se sont produites dans la Commission :

1° La majorité est d'avis que le sol doit être cultivé et exploité par les communes solidarisées ;

2° La minorité pense que la société devrait accorder l'occupation de la terre, soit aux agriculteurs individuels, soit de préférence à des associations agricoles, qui payeraient la rente à la collectivité.

M. Rittinghausen, membre de la majorité, développe les résolutions de la Commission. Remontant à l'origine de la propriété, il établit que la société n'a pas volontairement introduit la propriété particulière du sol ; que la propriété, qui fut d'abord collective, n'est devenue individuelle que par la violence et l'usurpation. Là est, suivant l'orateur, la source de toutes les misères sociales ; la propriété collective est, suivant lui, le seul moyen de rétablir la justice. La majorité de la Commission a repoussé la mise en exploitation du sol par des particuliers et des associations, « parce que, dit M. Rittinghausen, elle a pensé que l'usurpation qui s'était produite primitivement et qui avait abouti à constituer l'aristocratie féodale ne manquerait pas de se produire de nouveau ; on éviterait ce danger en faisant organiser le travail agricole par les communes solidarisées. »

M. Richard dit que la propriété individuelle paralyse le développement de la société, qu'elle consacre l'injustice, l'inégalité, et que, née du droit du plus fort, elle doit disparaître pour faire place au droit réel ; qu'avant tout il faut abolir l'héritage, privilége par excellence et cause première de l'aliénation du sol au profit de quelques-uns et au détriment du plus grand nombre; c'est la source de toutes les inégalités sociales. Pour M. Richard, la constitution de la propriété collective est l'avénement du droit social, qu'il définit : « l'égalité des moyens de développement moral et matériel, l'égalité des répartitions des capitaux premiers. » Il parle ensuite d'assurance mutuelle garantissant tous les membres de la société contre les accidents de toute sorte ; l'impôt ne sera plus que le loyer du capital social, payé par les individus à la collectivité. « Dès lors, ajoute-t-il, l'état politique n'aura plus de raison d'être, et l'autorité, c'est-à-dire la force et l'arbitraire, disparaîtra pour faire place au droit strict, au droit social. »

M. de Paepe lit un rapport très-détaillé; il dit que la constitution de la propriété collective est une nécessité à laquelle les sociétés modernes ne sauraient se soustraire. « Si cette transformation de la propriété, poursuit-il, n'était que le résultat des faits économiques, elle exigerait des siècles pour s'opérer; mais les travailleurs qui souffrent attendront-ils si longtemps? » Le délégué belge ne le croit pas ; il pense que les efforts des masses ouvrières hâteront la venue de cette modification de l'état social, et qu'au lieu d'une évolution, nous aurons une révolution. Voici les mesures qu'il propose de prendre pour la transformation de la propriété :

1° La propriété foncière est abolie; le sol appartient à la collectivité; il est inaliénable;

2° Les cultivateurs fermiers payeront à l'État la rente qu'ils payaient aux propriétaires ; cette rente tiendra lieu d'intérêt et servira au payement des services publics, tels qu'instruction, assurances, etc.;

3° Comme mesure transitoire, il est convenu que les petits propriétaires qui exploitent leurs terres par leur travail personnel pourront rester leur vie durant possesseurs de cette terre sans payer de fermage; à leur décès, l'impôt foncier de leurs terres sera majoré au prorata de la rente des autres terres de même valeur et sera par conséquent transformé en rente foncière. Dès lors l'impôt foncier sera aboli pour ces terres, comme il l'est déjà pour celles qui payent la rente ;

4° Les baux seront à vie pour les cultivateurs individuels ; ils seront du terme de . . . . . pour les associations agricoles (un terme plus élevé que la moyenne de la vie) ;

5° Les baux seront néanmoins résiliables par les individus ou par les associations agricoles pour des causes déterminées, d'utilité particulière ;

6° Les baux seront personnels ; la sous-location est interdite ;

7° Le sol est évalué au commencement et à la fin de chaque bail. Si, à la fin du bail, il y a plus-value, la société la rembourse ; s'il y a moins-value, la société peut se rembourser sur les objets meubles que l'occupant ou l'association aurait laissés ;

8° Afin de pousser à l'association dans l'agriculture, les associations agricoles auront la préférence pour la location de la terre. Après les associations, cette préférence existera encore pour les enfants de l'occupant décédé qui auraient travaillé avec leur père ;

9° Afin de simplifier la question du domaine foncier, l'administration en sera confiée dans chaque commune au conseil communal, nommé par tous les habitants majeurs de la commune. Ce conseil pourvoira en particulier à la réunion des parcelles et à la délimitation des possessions, de façon à arrêter le nivellement. Les communes pourront même ne constituer qu'une seule association agricole, si telle est la volonté des habitants ;

10° L'État, de concert avec les commissions agricoles nommées par les agriculteurs, s'occupera des grands travaux de reboisement, de défrichement, de desséchement, d'irrigation ; il s'entendra avec les compagnies des travaux ruraux qui pourraient se constituer pour effectuer ces grands travaux d'ensemble.

M. Aubry demande que la propriété foncière devienne collective et soit réglée par les communes organisées fédérativement ; ensuite, il présente au nom de ses mandants les conclusions ci-après :

Considérant que, pour être vraiment la garantie de l'autonomie individuelle, il importe que la propriété soit la représentation exacte de la production accumulée de chaque producteur ;

Considérant que la propriété n'est digne de ce nom qu'à la condition que tout vestige aristocratique ait disparu, et qu'il ne pourra en être ainsi que le jour où la valeur des produits sera relativement constituée ;

Considérant que la propriété terrienne telle qu'elle est constituée aujourd'hui établit une anomalie flagrante avec les lois de la science sociale, qui ne reconnaissent de propriété que celle acquise par le travail exempt de toute spéculation et d'agio ;

Considérant que d'après les données de la science on ne peut faire rien de rien, et que le sol n'est qu'un instrument donné gratuitement à l'homme par la nature pour le féconder par son travail :

Le cercle des études économiques de l'arrondissement de Rouen, composé de toutes les corporations ouvrières dudit arrondissement, déclare, par l'organe des comités corporatifs, que la propriété du sol ne peut être considérée qu'au point de vue collectif, et que la répartition ne peut être faite que par la commune reposant sur l'organisation fédérative ;

En conséquence, il a l'honneur de porter à la connaissance de ses collègues de l'Internationale, représentés par les différentes délégations réunies en Congrès à Bâle, qu'il ne considère la solution de la propriété comme possible que dans l'organisation fédérative des forces économiques du travail.

En ce qui concerne le droit d'héritage, il déclare,

par ce qui précède, le reconnaître transmissible à tous les degrés.

Cette décision est, aux yeux du Cercle, la seule compatible avec la reconnaissance de la famille, en dehors de laquelle aucune organisation sociale n'est viable.

M. Henry Fritz, chargé de présenter le rapport de la section de Genève, conclut ainsi :

« Le sol arable, les forêts, le sous-sol, les routes, chemins de fer, canaux, télégraphes, usines, et, en général, tous les grands instruments de travail, doivent être non la propriété de groupes particuliers de producteurs, mais bien de la collectivité humaine. »

M. Chemalé combat la propriété collective et dit que pour pouvoir juger une théorie il faut qu'elle ait été expérimentée, qu'elle ait pour elle du temps et des faits ; il est partisan de l'abolition de la rente et croit que la question sociale ne sera résolue que lorsque le travail sera la seule base du produit et que le travailleur sera propriétaire de son instrument de travail. L'orateur se prononce pour que les matières premières soient à la disposition de celui qui, par le travail, leur donne de la valeur ; que l'outillage appartienne à celui qui le met en œuvre, et la terre au paysan qui la cultive.

M. Cowel Stepney se déclare partisan de la propriété collective, pour cette raison, dit-il, qu'on ne lui a pas encore démontré que l'intelligence de l'individu fût supérieure à celle de la collectivité.

M. Armand Gœgg dit que la terre est un instrument de travail à la disposition de l'Humanité, et qu'aucun homme n'a sur elle plus de droit de propriété qu'aucun autre homme. Il conclut à l'abolition du salariat et du patronage, et à la collectivité du sol possédé par ceux qui le cultivent.

M. Lucraft ne voit d'autre remède à la misère qui s'accroît de jour en jour que dans la propriété collective, mais il ne veut pas que la terre soit confiée à des individus ou à des associations ; il veut que le sol appartienne à l'État, qui pratiquera la culture des terres consacrées à la jouissance de tout le peuple.

Vendredi, 10 septembre.

M. Tolain soutient la propriété individuelle et donne lecture des conclusions suivantes :

Considérant que la collectivité ne peut avoir de droits qui portent atteinte aux droits naturels des individus qui la composent;

Que, par conséquent, les droits collectifs ne peuvent être que des droits garantis qui assurent à chacun le libre exercice de ses facultés ;

Que ces droits sont inhérents à l'homme lui-même et qu'ils sont égaux pour tous ;

Que, sous peine de tout livrer à un règlement arbitraire ayant pour point de départ, soit une idée abstraite prise en dehors de l'homme et supérieure à l'Humanité, soit un sentiment qui n'est pas susceptible de régler et de déterminer les rapports sociaux d'une manière juridique, il faut reconnaître que l'homme a le droit de s'approprier la totalité de son produit;

Que, en plus de l'outillage proprement dit, industriel ou agricole, le crédit, ou le sol, est nécessaire à l'artisan ou à l'agriculteur pour devenir producteur échangiste et maître souverain des produits de son travail, alors qu'il a contribué à toutes les charges sociales;

Que le fait de certaines industries qui nécessitent la réunion de plusieurs individualités ne change rien au fait de la possession, ou propriété libre et individuelle :

Le Congrès déclare que, pour réaliser l'émancipation des travailleurs, il faut transformer les baux, loyers, fermages, en un mot tous les contrats de location, en contrats de vente;

Qu'alors la propriété étant continuellement en circulation cesse d'être abusive par ce fait même;

Que, par conséquent, dans l'agriculture comme dans l'industrie, les travailleurs se grouperont comme et quand ils le jugeront convenable, sous la garantie d'un contrat librement débattu, sauvegardant la liberté des individus et des groupes.

M. Richard dit que l'individu doit posséder son instrument de travail. « Dans notre organisation, ajoute-t-il, le travail devant être collectif et la terre propriété collective, chacun possédera la matière première sur laquelle il doit travailler. »

M. Langlois pose ces conclusions.

Relativement à la propriété foncière, le Congrès fait les déclarations suivantes :

1° La terre, en tant qu'elle n'est pas un produit de l'industrie humaine, appartient indistinctement à tous, et, en droit, elle n'a jamais cessé de leur appartenir ;

2° Les parties de ce domaine commun, de cette propriété commune et inaliénable, n'ont pu être concédées à quelques-uns que sous certaines conditions ;

3° Ces conditions, qui, l'histoire est là pour le démontrer, ont été souvent modifiées, le seront encore, et elles devront l'être dans chaque nation dès qu'elles y auront été reconnues contraires à la justice et à l'intérêt général.

Ces déclarations de principes une fois faites, le Congrès pose ainsi les questions pratiques :

Quelles sont, non pas dans un avenir éloigné, sur lequel nous ne pouvons avoir que des idées vagues, mais dans l'époque actuelle, dès demain, les conditions nouvelles, ou les conditions anciennes modifiées, selon lesquelles, en bonne justice, les parties du domaine commun doivent être concédées ?

Tout ce qui sort de cette question de politique ou de législation immédiate peut sans doute intéresser le philosophe ou le rêveur ; mais le Congrès, qui poursuit l'affranchissement des travailleurs dans le siècle actuel et non pas seulement dans les siècles futurs, ne saurait perdre son temps à s'y arrêter.

Le Congrès déclare que, tout en concédant à quelques-uns (individus ou groupes librement formés) le droit, de cultiver à l'exclusion de tous autres une partie du domaine commun, la société ne saurait leur abandonner aucun droit sur la rente foncière ; il déclare, en d'autres termes, que cette rente appartient tout entière à la collectivité, soit que par les progrès de la population elle résulte de l'élévation du prix des produits agricoles, soit qu'elle résulte des travaux de toute sorte exécutés par le concours de tous.

Si le cultivateur a un droit, ce ne peut être que sur la plus-value, essentiellement temporaire, toujours menacée d'annulation par la libre concurrence que son intelligente initiative peut avoir créée sur sa concession, en y réalisant avant ses concurrents une amélioration quelconque.

Le Congrès pense que le jour où les droits de la collectivité et ceux des agriculteurs auront été nettement distingués et pratiquement garantis, le droit d'expropriation pour cause d'utilité publique, l'organisation de l'assurance agricole, et surtout l'organisation du crédit gratuit, tant à longue qu'à courte échéance, suffiront pour empêcher toute exploitation abusive, assurer la réalisation de l'égalité entre les travailleurs agricoles, de l'égal échange entre ces travailleurs et les travailleurs manufacturiers, et réduire à néant les prétendus droits qui rendent aujourd'hui possible l'oisiveté des propriétaires fonciers.

M. Bruhin, après avoir fait l'historique de la propriété, pose ces conclusions :

Vu que la propriété particulière en général n'est qu'un produit de la société personnifiée par l'État, sans la sanction duquel ce ne serait qu'une propriété sans valeur ;

Vu que la propriété particulière du sol constitue un

fait historique consacré par la société dans la mesure du degré dominant d'éducation, il devient de plus en plus nécessaire de soumettre le droit de propriété à une analyse sérieuse.

Le peuple, représenté par l'État, est en droit d'accorder une sanction légale à tout ce que réclament les nécessités publiques ; il en a le droit en vertu de cet axiome des anciens Romains : *Salus populi suprema lex esto.*

M. Bakounine, après avoir combattu la propriété individuelle, demande au Congrès de prendre en considération les conclusions ci-dessous :

Je vote pour la collectivité du sol en particulier, et en général de toute la richesse sociale, dans le sens de la liquidation sociale.

J'entends par liquidation sociale l'expropriation, en droit, de tous les propriétaires actuels, par l'abolition de l'État politique et juridique qui est la sanction et la seule garantie de la propriété actuelle et de tout ce qui s'appelle le droit juridique ; et l'expropriation, de fait, partout et autant qu'elle sera possible et aussi vite qu'elle sera possible, par la force même des événements et des choses.

Quant à l'organisation postérieure, considérant que tout travail productif est un travail nécessairement collectif, et que le travail que l'on appelle improprement individuel est encore un travail produit par la collectivité des générations passées et présentes, je conclus à la solidarisation des communes, proposée par la majorité de la Commission, d'autant plus volontiers que cette solidarisation implique l'organisation de la société de bas en haut, tandis que le projet de la minorité nous parle de l'État.

Je suis un antagoniste résolu de l'État et de toute politique bourgeoise de l'État.

Je demande la destruction de tous les États, nationaux et territoriaux, et, sur leurs ruines, la fondation de l'État international des travailleurs.

M. Murat soutient la propriété individuelle et se prononce pour le droit d'héritage, qui sauvegarde la famille. « Une fois le sentiment de la famille éteint, dit M Murat, l'homme cesse d'exister, il tombe dans la catégorie des bêtes. »

M. Lessner appuie la collectivité de la propriété.

M. Tartaret trouve que l'on ne s'occupe pas assez des moyens pratiques. « Je sais bien, ajoute-t-il, qu'en suivant l'idée de M. Bakounine cela ne serait pas difficile ; il n'y aurait qu'à faire voter tout le monde, et, comme la grande majorité n'est pas propriétaire , ce serait bientôt décidé ; mais je n'en suis pas partisan. »

M. Tartaret pense que pour garantir la masse qui ne possède pas contre les excès de la propriété, il suffirait de mettre dans le contrat de louage une clause par laquelle il serait entendu qu'une partie du loyer servirait au rachat de la propriété.

M. Hins, qui, l'année dernière, était partisan de la propriété individuelle, raconte que, parti de ce point, il fallait, ou bien renoncer à vivre en société, ou bien trouver un moyen de garantir les droits de l'individu et ceux de la collectivité ; d'où il a conclu d'abord à la nécessité d'une liquidation préalable, puis, après la liquidation, à un partage, non pas dans le sens de *partageux*. Pour empêcher les inconvénients de la propriété de se produire, il faut établir l'égalité pour chacun dans la culture des terres et prélever la rente au profit de la collectivité : car on ne peut empêcher une terre de produire plus qu'une autre. « Arrivé à la suppression de la rente, poursuit l'orateur, je m'aperçus que cela équivalait à la suppression de la propriété , puisque sans la rente les propriétés n'ont pas de valeur. Enfin, de dégringolade en dégringolade, je suis devenu collectiviste. »

Ce fut à mon tour de prendre la parole ; je le fis en ces termes :

« Citoyens, je succède au citoyen Hins, qui, d'individualiste qu'il était, a, nous a-t-il dit, de dégringolade en dégringolade, passé dans les rangs des collectivistes.

« Ancien communiste, je suis arrivé, de modifications en modifications, non dans les rangs des individualistes, mais dans un terme moyen aussi éloigné de l'individualisme, qui sacrifie le concours à l'indépendance, que du communisme, qui sacrifie l'indépendance au concours. J'ai un pied dans le camp des communistes ; c'est à eux que nous devons d'avoir posé le principe incontestable que la richesse est sociale dans sa source et doit l'être dans son emploi. — C'est là la gloire des communistes.

« Oui, citoyens, aux époques de dissolution des régimes sociaux, alors que les mœurs sont devenues incapables de diriger la conduite, des natures généreuses et actives ont, suivant les tendances des époques de transition, demandé au *concours légal* de suppléer à l'insuffisance du *concours volontaire*. L'erreur des communistes consiste, au fond, à ne reconnaître que l'efficacité des mesures politiques, en méconnaissant complétement l'influence des procédés moraux.

« Ils veulent régler politiquement ce qui ne peut et ne doit l'être que moralement.

« La solution des communistes est illusoire et utopique, nous le reconnaissons ; mais un problème quelconque, surtout social, ne se pose qu'autant qu'on en donne une solution telle quelle.

« Toutes les réfutations du communisme, outre qu'elles sont le plus souvent absurdes, seront toujours illusoires ; le communisme ne comporte d'autre réfutation qu'une sérieuse solution du problème qu'il pose.

« Si j'ai un pied dans le camp communiste, je tends la main aux individualistes : car, il faut bien le reconnaître, ils ont le mérite d'avoir mis la société en garde

2.

contre une doctrine dont l'application légale aurait pour résultat l'absorption de l'individu par la collectivité.

« Aux Communistes, je dis : Votre préoccupation exclusive du *concours* assure l'*ordre*, mais compromet le *progrès*, but de l'Humanité et condition indispensable de tout développement.

« Aux Individualistes, je dis : Votre tendance au développement exclusif de l'*indépendance* assure (fictivement) le *progrès*, mais compromet l'*ordre*, base fondamentale de toute société.

« J'appelle l'attention des uns et des autres sur le besoin de l'indépendance et sur la nécessité du concours.

« Il faut reconnaître le double caractère de la situation actuelle :

1° L'aspiration de plus en plus grande à l'indépendance personnelle ;

2° La multiplicité croissante des rapports des hommes entre eux, et, par suite, la nécessité d'un concours de plus en plus grand.

« Les deux points sont faciles à établir. On constate le premier par l'observation directe : libéralisme, droit de réunion, d'exposition, de locomotion, etc.

« On peut facilement l'expliquer par la prépondérance croissante de la vie industrielle et de l'esprit scientifique.

« Le deuxième point n'est pas moins évident. Une immense solidarité lie tous les Occidentaux dans leurs moindres actes. Il faut donc, dans tout plan d'organisation, satisfaire à ces deux conditions qui semblent contradictoires ; on y arrive en rendant le *concours de plus en plus volontaire, par la libre acceptation des devoirs propres à régler tous les actes de notre vie personnelle, domestique et sociale.*

« Je suis d'accord avec Tolain sur un point : c'est que le Congrès doit s'abstenir de tout vote sur la question de la propriété ; on ne vote pas sur des principes.

« Citoyens, pénétré des idées positivistes, je propose la déclaration suivante :

« 1° Les prolétaires ici réunis déclarent solennellement renoncer à l'emploi de l'action gouvernementale sous une forme quelconque, pour faire prévaloir les systèmes sociaux ; ils déclarent que l'action gouvernementale doit se réduire à protéger la liberté de tous, et que chaque doctrine ne doit prévaloir que par une adhésion complétement volontaire résultant d'une libre exposition ;

« 2° Le Positivisme se présentant comme une doctrine qui embrasse complétement l'ensemble des questions sociales, politiques et philosophiques, nous demandons que le Congrès déclare qu'il appelle l'attention de tous les prolétaires occidentaux sur l'étude de ce système, afin que l'on puisse l'examiner au prochain Congrès. »

M. Fruneau engage les ouvriers à ne pas subir plus longtemps le poids des princes de la science et des marquis du diplôme, à la remorque desquels on les traîne. « Nos affaires, à nous ouvriers, dit-il, ne seront bien faites que lorsque nous les ferons nous-mêmes ; il ne doit y avoir que le travail qui conduise à la propriété, et non la violence, l'astuce et la ruse ; nous ne devons plus suer sang et eau pour travailler au profit d'usurpateurs et de parasites. »

« Pas de communisme, dit-il ; le communisme, c'est le despotisme, c'est le pouvoir de l'État ; après l'expérience faite surtout en France, on a le droit de repousser tout ce qui vient de l'État. »

Comme moyen pratique, il propose une combinaison analogue à celle indiquée par M. Tartaret. « Tout propriétaire, dit l'orateur, qui veut louer un immeuble, prouve par cela même qu'il n'en a pas besoin. Qu'on l'exproprie sans le dépouiller ; la science enseigne qu'en quatorze ans le prix du loyer représente le capital et l'intérêt de la chose louée ; au bout de quatorze ans le locataire sera propriétaire. »

M. Robin soutient le collectivisme et dit que les paysans n'y sont nullement hostiles, comme le supposent les Individualistes. — Ce mot *individualiste* a soulevé des protestations de la part de plusieurs délégués. — M. Tolain déclare qu'il regarde cette qualification comme une injure et une calomnie, et dit que lui et ses amis sont Mutuellistes.

La clôture de la discussion est prononcée ; un vote succède et donne pour résultat : cinquante-quatre voix pour la propriété collective ; quatre contre ; treize abstentions et quatre absences.

On passe ensuite à la question de l'héritage.

M. Brismé donne connaissance des conclusions de la Commission :

Considérant que le droit d'héritage, qui est un élément inséparable de la propriété individuelle, contribue à aliéner la propriété foncière et la richesse sociale au profit de quelques-uns et au détriment du plus grand nombre ; que, par conséquent, le droit d'héritage est un obstacle à l'entrée du sol et de la richesse sociale à la propriété collective ;

Que, d'autre part, le droit d'héritage, quelque restreinte que soit son action, constitue un privilége dont le plus ou moins d'importance ne détruit pas l'iniquité, en droit, qui est une menace permanente contre le droit social ;

Qu'en outre, le droit d'héritage, dans toutes ses manifestations, dans l'ordre économique comme dans l'ordre politique, est un aliment essentiel de toutes les inégalités, parce qu'il empêche que tous les individus aient les mêmes moyens de développement moral et matériel ;

Considérant que le Congrès s'est prononcé pour la propriété collective foncière, et que cette déclaration serait illogique si elle n'était pas corroborée par celle qui va suivre :

Le Congrès reconnaît que le droit d'héritage doit être

complétement et radicalement aboli, et que cette abolition est une des conditions indispensables de l'affranchissement du travail.

M. Eccarius dit qu'en attendant la réalisation de la propriété collective, qui résoudra la question de l'héritage, il faudrait adopter des mesures transitoires consistant dans la revendication d'une élévation considérable des droits de succession et l'application de la plus-value de l'impôt ainsi produite à des améliorations sociales.

M. Chemalé croit qu'après le vote sur la propriété, une discussion sur l'héritage est à peine nécessaire.

M. De Paepe, au contraire, considère la question de l'héritage comme très-importante à deux points de vue :

1° En tant que remède contre le paupérisme ;

2° En tant que moyen d'opérer la transition de la propriété individuelle à la propriété collective.

Il est d'avis que l'héritage en ligne directe, dépouillé de ses abus, est un excellent élément de progrès pour l'Humanité, et doit être maintenu comme encourageant l'épargne et le sentiment de la famille ; mais il ne croit pas à l'efficacité de l'abolition de l'héritage pour la liquidation sociale. Il n'attend plus de liquidation à l'amiable après les sentiments que la société bourgeoise professe à l'endroit des ouvriers.

M. Richard n'est pas d'accord avec M. Eccarius sur le peu d'importance qu'il attache à la question de l'héritage.

M. Varlin se prononce contre le droit d'héritage.

M. Murat combat l'abolition de l'héritage. Il prend pour exemple l'enfant qui produit avec son père ; il n'admet pas qu'il soit dépossédé du travail de ses premières années.

M. Bakounine se prononce contre le droit d'héritage : il veut bien que les habits des parents se transmettent aux enfants, mais c'est tout. Si le collectivisme était un fait accompli, l'héritage lui paraîtrait indifférent ; mais, en attendant, l'héritage doit être aboli comme liquidation sociale.

La clôture est réclamée par un grand nombre de délégués.

On passe au vote, qui donne pour résultat : 32 voix pour l'abolition de l'héritage ; 23 contre et 17 abstentions. Le résultat ne donnant pas de majorité, on soumet au Congrès les propositions de M. Eccarius, consistant en une extension croissante des impôts sur les successions. Ces propositions sont rejetées par 32 voix contre 23 ; abstentions, 13 ; absences, 8.

Samedi, 11 septembre.

L'ordre du jour appelle la discussion des *Sociétés de résistance*.

M. Pindy donne connaissance du rapport de la Commission. Il dit que les sociétés de résistance doivent avoir pour objet de préparer l'avenir et d'assurer le présent ; que le groupement des sociétés de résistance formera la commune de l'avenir, et que le Gouvernement finira par être remplacé par les conseils des corps de métiers.

M. Pindy cite le passage suivant du rapport de la Société des bronziers de Paris : « Les Sociétés de résis-
« tance ont déjà déterminé la mise en pratique du prin-
« cipe de solidarité entre les travailleurs. C'est encore
« à leur influence qu'il appartient de réaliser l'éman-
« cipation par le rachat de l'outillage, par la suppres-
« sion du patronat, par l'organisation du crédit et de
« l'échange, et de transformer l'ordre social, en sub-
« stituant la fédération de chaque individu, de chaque
« groupe, de chaque industrie, au conflit d'intérêts que
« nous présente l'état actuel. »

Ensuite il donne connaissance des conclusions de la Commission.

La Commission propose au Congrès d'adopter les conclusions suivantes :

Le Congrès est d'avis que tous les travailleurs doivent s'employer activement à créer des sociétés de résistance dans les différents corps de métiers.

A mesure que ces sociétés se formeront, il invite les sections, groupes fédéraux ou conseils centraux à en donner avis aux sociétés de la même profession, afin de provoquer à la formation d'une association internationale des corps de métiers.

Ces fédérations seront chargées de réunir tous les renseignements intéressant leur industrie respective, de diriger les mesures à prendre en commun, de régulariser les grèves et de travailler activement à leur réussite, en attendant que le salariat soit remplacé par la fédération des producteurs libres.

Le Congrès invite en outre le Conseil général à servir d'intermédiaire à la fédération des sociétés de résistance de tous les pays.

M. Chemalé considère les sociétés de résistance comme une institution transitoire, ayant pour objet de lutter contre la centralisation des capitaux, et n'ayant plus de raison d'être lorsque les conditions du travail seront autres.

M. Caporusso se plaint de la récente introduction de l'industrialisme en Italie, qui a eu pour conséquence l'augmentation des objets de première nécessité, sans aucune augmentation de salaire. Il se récrie contre l'entreprise des travaux par l'État ; il cite les fabricants de tabac et les constructeurs de navires, qui sont menés militairement et sont encore forcés de subir une réduction sur leur salaire. Il appelle l'attention de l'Association internationale sur la situation des prolétaires italiens.

M. Hins regrette que M. Chemalé n'ait pas saisi le rôle que devaient jouer les sociétés de résistance, lorsqu'il dit qu'elles disparaîtront un jour. Indépendamment du règlement des salaires, elles doivent préparer la réorganisation future. C'est par elles qu'elle se fera. Si nous ne nous occupons pas de la politique actuelle, nous nous occuperons de celle de l'avenir; nous développerons le gouvernement du travail; dès lors, nous détruirons la vieille politique et le parlementage. Ce sont les rapports des travailleurs qui doivent se substituer aux rapports des États.

M. Flahaut est partisan d'une fédération universelle entre les ouvriers, mais il croit qu'elle doit avoir pour but de revendiquer non-seulement les droits sociaux, mais aussi les droits politiques. Il regrette qu'on ait passé trop de temps sur des questions qu'on ne peut mettre en pratique, tandis qu'on devrait s'occuper des sociétés de résistance.

M. Durand voudrait qu'on s'occupât non des généralités, ni de l'avenir, mais du présent, de la pratique actuelle. Le but de l'Association est d'arriver à la revendication par les grèves. Jusqu'à présent, les associations n'ont rien fait; le résultat le plus clair, c'est qu'au lieu d'un seul patron, l'ouvrier en a cinq ou six. Il voudrait voir les sociétés coopératives entrer dans les sociétés de résistance. Il ajoute que ces diverses sociétés ont eu néanmoins pour résultat d'apprendre aux hommes à se connaître, et qu'elles peuvent dans l'avenir avoir une grande influence politique.

MM. Tolain, Tartaret, Greulich, Applegarth, Brismé et Grosselin prennent part à la discussion. Tous sont d'accord sur la nécessité de la formation et du développement des sociétés de résistance.

L'heure étant avancée, la clôture a été décidée, quoiqu'un certain nombre d'orateurs fussent inscrits. Les conclusions de la Commission ont été votées à l'unanimité.

La discussion sur le crédit et l'éducation intégrale a été renvoyée au prochain Congrès.

La Commission chargée d'examiner la question de

l'instruction, qui m'avait nommé rapporteur, a, dans la première séance et après une longue et vive discussion sur l'*obligation* et *la gratuité*, accepté une proposition tendant à écarter les questions secondaires, jusqu'ici seul objet de discussion. Cette proposition, signée Robin et Robert, de Belgique, Durand et Mollin, de Paris, était ainsi conçue : « La Commission s'occupera « exclusivement du programme du plan d'études, et « laissera de côté toute question d'application locale « et immédiate. »

Il est regrettable que cette question si importante n'ait pu être traitée. J'aurais désiré que le Congrès discutât un système d'enseignement qui sépare l'*éducation*, qui doit être privée et donnée par la famille, de l'*instruction*, qui doit être publique et enseignée par le corps des savants et des philosophes.

J'avais pensé que nous aurions complété le programme contenu dans le rapport de l'année dernière ; il y est dit : « Adoptant l'ordre hiérarchique d'Auguste « Comte, la parfaite démonstration qu'il donne de la « subordination des phénomènes des sciences plus « complexes et plus particulières aux phénomènes des « sciences plus simples et plus générales, et, par suite, « pénétrés de la nécessité de s'être bien assimilé les « lois fondamentales et les procédés d'étude de chacune de ces dernières avant d'en aborder une autre, « nous admettons avec lui, contrairement aux usages « reçus, que les sciences : *mathématique, astronomie,* « *physique, chimie, biologie* et *sociologie,* doivent être « enseignées successivement et non simultanément. » Ce programme est, en effet, incomplet ; on y a, je ne sais pourquoi, retranché le septième terme, la *morale*.

L'instruction intégrale comporte tout ce qui est accessible ; elle a pour but de faire des hommes, et, si les études cosmologiques ont pour objet la connaissance de notre situation, les études biologiques la connaissance de notre nature, les études sociologiques la connaissance de nos antécédents, la *morale doit enseigner les règles que tout homme honnête et sensé doit suivre librement pour accomplir les fonctions de l'ordre naturel auquel il appartient; elle doit régler les forces que la science fait connaître.*

La discussion sur ce sujet aurait, en outre, permis aux partisans de la liberté de protester contre la théorie arriérée de l'*instruction obligatoire.* Aux phrases banales de ceux qui se sont fait une réputation en insultant notre classe nous aurions opposé le résultat de l'enquête faite par notre cercle, d'où il résulte qu'en France il n'y a pas un seul banquier, commerçant, rentier, chef industriel, boutiquier, etc., en un mot, pas un seul père de famille ayant une position matérielle suffisante pour lui permettre de satisfaire les besoins du jour sans compromettre la certitude du lendemain, qui refuse l'instruction à ses enfants. Ceux à qui le bien-être est interdit par le fait du développement désordonné de l'industrie font encore ce qui est possible, et plus d'une mère, en lavant durant la nuit l'unique vêtement de son enfant, lui a évité l'absence d'un jour d'école.

Il y a donc, pour un grand nombre de prolétaires, impossibilité, mais non pas indignité. Ce qui, pourtant, n'a pas empêché un des principaux propagateurs de l'obligation, M. Jules Simon, d'écrire les lignes suivantes : « On peut encore manquer de pain et d'abri « suffisant en France, mais on n'y peut plus manquer « des premiers éléments de l'instruction que par sa « faute (1). »

La conduite de nos philanthropes est, sur ce point comme sur beaucoup d'autres, en opposition formelle avec les aspirations les plus fermes et les plus légitimes du peuple. M. Jules Simon n'a-t-il pas écrit ce passage caractéristique : « Nous souhaitons ardemment qu'on « parvienne à rendre le travail plus productif; mais

___

(1) *L'Ouvrière*, par J. Simon, préface, page 11 (3ᵉ édition).

« nous ne saurions oublier qu'il existe une loi plus
« forte que toutes les lois écrites dans les codes, plus
« forte même que la charité la plus ardente, c'est la loi
« économique qui régit tout développement industriel,
« et qui force le fabricant à mesurer ses dépenses sur
« ses chances de bénéfice et à lutter contre la concur-
« rence par le bon marché (1) ! » — Ainsi, l'idéal de ces
messieurs consiste à sacrifier le bien-être et la sécurité
des travailleurs à leur anarchique et immorale concurrence !

En présence de ces faits, il n'est plus permis de considérer des esprits aussi rétrogrades comme des représentants de l'avenir.

Quoi qu'il en soit, j'espère que désormais on s'occupera sérieusement de ce système d'enseignement, qui
est déjà en cours d'exécution, notamment à Paris, à
Londres, à New-York, et qui est librement et gratuitement donné par des philosophes de l'école qui a pour
maître Auguste Comte, et pour devise : L'amour pour
principe et l'ordre pour base, le progrès pour but.

Après un discours du délégué américain (2) et le
discours de clôture, prononcé par le président, M. Yung,
le Congrès s'est séparé au cri trois fois répété de : *Vive
la République démocratique et sociale universelle ! ! !*

Tel est, Messieurs, en résumé, le résultat du Congrès
de Bâle.

Nous pouvons constater ensemble que si l'Association
internationale constitue une grande force, ses représentants sont loin de remplir les conditions de connaissance
nécessaires pour lui imprimer une marche rationnelle
et progressive. Ils ont signalé l'existence de nombreux
besoins et d'ardents désirs, mais aucune vue d'ensemble

(1) *L'Ouvrière*, par J. Simon, 3ᵉ édition, préface, page VI.

(2) M. Cameron, délégué par les sociétés ouvrières des États-Unis
d'Amérique, représentait huit cent mille travailleurs.

acceptable, aucune solution rationnelle. Le désir sincère et ardent de sortir d'une situation ne saurait dispenser d'une exacte connaissance de cette situation et des faits dont elle est le résultat.

L'état actuel de l'Occident doit être considéré comme intermédiaire entre le régime théologique et militaire, en décomposition, et le régime scientifique-industriel, en formation. Les éléments constitutifs du nouveau régime n'étant, dans leurs rapports, réglés par aucun principe social, les individus n'ayant pour mobile de leurs actions que des raisons purement personnelles, l'industrie se trouve par conséquent privée de véritable direction, et, sous ce rapport, la conduite des populations occidentales peut se définir ainsi : une activité fiévreuse et turbulente, aussi âpre que déréglée, donnant néanmoins des résultats matériels prodigieux sous le rapport de la quantité, mais qui sont loin de satisfaire aux conditions de bien-être et de sécurité nécessaires à toute population civilisée, à ce point que les populations les plus travailleuses sont en même temps les plus éprouvées par la misère et chez lesquelles tout loisir tend à disparaître.

Ce résultat est dû à la dissolution inévitable et de plus en plus radicale du régime catholico-féodal et à l'absence d'une doctrine scientifique librement acceptée et capable de déterminer le concours de tous vers un but commun, donnant par conséquent à l'activité un caractère vraiment social.

Les anciennes doctrines ont pu permettre et même seconder le développement de l'activité industrielle, mais elles se sont montrées impuissantes pour en diriger et en moraliser l'organisation. Les anciens pouvoirs ont cru qu'il était possible de faire passer dans la vie industrielle les habitudes d'obéissance passive qui convenaient jusqu'à un certain point au régime militaire, tout en développant en même temps des habitudes de concurrence.

Sous le coup de cette double erreur, l'industrie a bien pu produire l'immense développement matériel que nous connaissons, mais elle n'a pas su trouver sa voie, c'est-à-dire qu'elle n'a pas su se donner une destination vraiment sociale. Elle n'a pu que se tordre sous l'étreinte des ambitions froides ou turbulentes, pour aboutir au paupérisme, qui lui a finalement décerné une couronne d'impuissance.

L'esprit qui a présidé à ce désordre a été caractérisé par une formule aussi odieuse que précise : *associer l'intelligence au capital, afin de maintenir dans le devoir la plèbe ignorante et pauvre.*

Loin d'accepter cette formule et de poursuivre un pareil idéal, l'ensemble des natures supérieures s'est attaché à la recherche des moyens d'utiliser toutes les aptitudes et de satisfaire tous les besoins. De là l'existence du socialisme, ou étude des connaissances nécessaires pour détruire les maux de l'Humanité par l'application d'un système d'organisation politique et sociale ayant pour objet d'assurer le bien-être et la sécurité à tous les individus sans exception.

On peut donc considérer le paupérisme, résultat de la condition anormale du prolétariat, comme constituant le fond même de la question sociale. Il est nécessaire de caractériser ici la condition de cette classe si importante.

Les prolétaires sont campés dans la société moderne, mais ils n'y sont ni agrégés ni incorporés ; c'est-à-dire que leurs relations avec les autres classes ne sont en aucune manière réglées par un ensemble de devoirs sociaux réciproquement et universellement acceptés, comme cela doit être dans toute société véritablement organisée.

Le prolétaire n'a, comme base de conduite, que l'incertaine et insuffisante rétribution que lui présente l'institution honteuse et dégradante du salaire considéré comme payant la valeur du travailleur ou comme acquittant le service rendu. Il en résulte pour lui une altération sensible, quoique superficielle, de sa dignité; il est forcément réduit à une conduite semblable en moralité à celle qu'accepte librement la majorité de ceux qui composent les classes dites supérieures, et qui consiste à n'obéir qu'à la plus méprisable des forces, l'argent. On livre ainsi l'activité au plus offrant, sans considérer la moralité du résultat auquel on la fait concourir: c'est l'abaissement des caractères, la perversité du civisme, la corruption des sentiments, la dépravation des convictions, arrivés à un tel point qu'il a été possible de faire faire des échafauds aux partisans de l'abolition de la peine de mort, des chassepots aux membres de la ligue de la paix, des églises aux athées et des trônes aux républicains; c'est, en un mot, la prostitution de l'activité humaine !

Cette disposition est tellement immorale, et les exceptions si rares, que je crois devoir vous en signaler une. Un ouvrier, après un certain temps de chômage involontaire, trouva de l'occupation qu'il refusa catégoriquement. Il préféra prolonger librement son chômage plutôt que de coopérer à l'œuvre à laquelle on voulait le faire concourir. Ce fait se passa en 1845, et il s'agissait de participer à la construction d'une prison cellulaire, Mazas.

En 1855, une circonstance analogue se représenta, et M. Magnin agit cette fois encore comme il l'avait fait dix ans auparavant.

Ce n'est pas seulement sous ce rapport que nous pouvons considérer dans M. Magnin l'accord parfait de la pratique et de la théorie. Doué d'une intelligence rare, joignant aux complètes connaissances pratiques de sa profession de vastes et profondes connaissances théoriques, ce type du prolétaire moderne refusa dans plusieurs occurrences le déclassement vers lequel tend de nos jours un nombre considérable d'incapacités.

Dans une époque où l'égoïsme, la cupidité et la vanité sont pour ainsi dire les seuls mobiles ; dans une situation aussi difficile, où, pour atteindre le résultat de ses aspirations, le prolétaire a besoin de toutes les forces dont il dispose, nous devons, sans cependant admettre le principe des castes, honorer les travailleurs qui poursuivent activement l'affranchissement de leur classe en restant volontairement dans ses rangs ; nous devons en même temps flétrir ceux des déserteurs dont le déclassement a été favorisé par une action publique, et qui, au lieu de faire dépendre leur amélioration personnelle de l'affranchissement de la classe qui, à tort, les avait considérés comme ses chefs, ont, abandonnant notre camp, cherché leur indépendance, les uns dans le patronat, où leur conduite n'est pas toujours la plus digne ; les autres, véritable fardeau social, en passant dans le journalisme.

Examinons maintenant les opinions émises par les communistes et les individualistes qui ont pris part à la discussion.

Je dis les *individualistes*, malgré les protestations faites par eux contre cette qualification. Pour moi, le mot *mutuelliste* n'est qu'un sous-titre, et leur doctrine, celle des égoïstes et des forts, qui, ne reconnaissant aucun devoir, prétendent faire tout ce qu'ils veulent. Le droit, pour eux, consiste à n'admettre d'autre limite à leurs désirs que l'impossibilité de les satisfaire ; mais, voyant qu'ils ne peuvent donner satisfaction à leurs besoins et à leurs désirs sans le concours de leurs semblables, ils consentent à restreindre leurs exigences, et, dans un intérêt mieux entendu, font des concessions pour qu'on leur en fasse, donnent pour recevoir, d'où résulte le contrat ou assurance mutuelle, qui fait du faible un objet de suspicion continuelle.

La solution du problème social nécessite de la part de ceux qui s'en occupent autre chose qu'un étroit égoïsme ; il leur faut, indépendamment des connaissances indispensables, de larges sentiments ; il leur faut ce sentiment social qui existe si profondément chez les communistes. Je parle de la masse des travailleurs qui sont spontanément communistes; je n'entends aucunement parler de ceux qui s'en croient les chefs.

Je dois aussi prévenir les *individualistes-mutuellistes* que mes attaques ne s'adressent nullement à leurs personnes, mais bien à la doctrine qu'ils cherchent à propager, doctrine inférieure aux sentiments pratiques qu'exercent journellement plusieurs d'entre eux, pour lesquels j'ai beaucoup d'estime.

Examinons donc les opinions qui se sont produites au Congrès. Nous pouvons constater une certaine entente entre les deux écoles : c'est qu'en effet les délégués des deux camps ont traité la question de la propriété au point de vue arbitraire, égoïste et absolu du *droit.* Ce terme métaphysique a souvent fait vibrer l'air, mais on a oublié de parler du *devoir*, et c'est à peine si cette expression positive a été prononcée.

Les divers orateurs sont d'accord pour laisser subsister les abus ; ils ne se divisent que sur la question de savoir qui devra abuser.

Établissons la différence entre la *richesse* et la *propriété.*

La *richesse* se compose de tout ce que l'Humanité a produit ou transformé et qui peut être utilisé pour la satisfaction de ses besoins physiques, intellectuels et moraux. La *propriété* est le droit, garanti par la loi, que possède un individu ou une collectivité de pouvoir disposer arbitrairement de certaines parties déterminées de la richesse sociale. Eh bien, au lieu de porter leur attention sur les abus que permet le droit de propriété, les délégués ne se sont occupés que du mode de possession de ce droit. Tous considèrent le mode actuel comme nécessitant une réforme complète, mais au fond leurs théories ne consistent, après tout, que dans un capricieux déplacement de l'arbitraire.

Nous, positivistes, qui combattons l'arbitraire, n'importe où et d'où qu'il vienne, voire du suffrage universel ; .

Nous qui ne reconnaissons à l'individu d'autre *droit* que de toujours faire son *devoir ;* nous qui constatons l'origine sociale de la richesse et voulons lui donner une destination humaine ;

Nous qui considérons la *propriété* non comme le *droit* personnel de disposer arbitrairement, mais comme le *devoir* social d'administrer équitablement, et qui substituons la paisible détermination des devoirs à l'orageuse discussion des droits, nous regardons les débats sur la possession des richesses comme une agitation oiseuse ; mais aussi nous attachons une importance considérable à l'examen des règles relatives à l'emploi du capital humain, de sorte qu'en agissant sur la *destination*, nous réagissons nécessairement sur la *possession.*

Le problème social étant, de sa nature, plus moral que matériel, la transformation des institutions devant être et ne pouvant être que la conséquence des modifications graduelles des conceptions et des dispositions individuelles, nous pouvons dire, sans pour cela méconnaître l'utilité de mesures politiques immédiates pouvant améliorer la situation générale et spécialement celle des prolétaires, que la régénération matérielle repose nécessairement sur la régénération intellectuelle et morale, qu'un vaste système d'éducation librement organisé doit faire prévaloir ; que l'affranchissement matériel du prolétariat et son incorporation à la société occidentale doivent reposer sur l'immense régénération intellectuelle et morale qu'institue le Positivisme, qui, seul, à l'abri de tout arbitraire et au nom des principes d'une morale démontrable, prescrit pour chaque situation sociale les devoirs relatifs aux diverses conditions personnelles.

J'extrais des notes de notre confrère M. Magnin, et je publie après l'avoir consulté, le tableau ci-contre (A) contenant les différents devoirs relatifs à l'activité.

(A) Le bonheur consiste dans le sentiment intime des devoirs accomplis et dans la libre jouissance des avantages sociaux qui résultent de l'accomplissement de ces devoirs.

CONDITIONS DU BONHEUR

CONDITIONS MORALES	CONDITIONS MATÉRIELLES
INDÉPENDANCE. CONCOURS.	BIEN-ÊTRE. SÉCURITÉ.

AVOIR SOCIAL

RICHESSE ACTIVE ou Qualités utiles de la population. Santé, Savoir, Bon vouloir, Confiés à la garde et à la sollicitude des travailleurs.	RICHESSE PASSIVE ou Matérielle, sur laquelle on agit. Instruments, Matériaux, Provisions, Confiés à la garde et à la sollicitude des patrons.

FONCTIONS SOCIALES

DES TRAVAILLEURS	DES PATRONS
Régénération. Travail. Protection. Appréciation.	Direction. Répartition. Conservation. Transmission.

Fabien MAGNIEN, ouvrier menuisier, rue Saunier, 8, à Puteaux (Seine).

Malgré l'intime connexité des trois ordres de phénomènes sociaux correspondant aux trois aspects de
notre nature, notre condition de travailleurs exige que
nous nous occupions plus particulièrement des devoirs
relatifs à l'industrie, comme nous étant plus familiers et
aussi parce qu'ils constituent nos devoirs spéciaux.

Établissons donc que l'action isolée de l'ouvrier n'a
aucune influence matérielle immédiate. Les membres du
Congrès l'ont compris : tous, sans exception, ont conclu
à la nécessité des sociétés de résistance. C'est là le beau
côté de la réunion de Bâle, mais ce n'est pas suffisant.
Constituer des forces susceptibles de résistance est nécessaire ; mais à quoi ces forces doivent-elles résister ?
Telle est la question que je me propose d'examiner pro-
chainement.

En attendant, je dois dire que les sociétés de résistance ont pour mission de participer à la régularisation
et à la moralisation de l'industrie, en réglant l'activité
et en transformant le salaire.

La transformation du salariat consiste à remplacer le
salaire considéré comme acquittant le service rendu,
par le salaire considéré « comme indemnisant seule-
« ment le travailleur de la dépense en provisions, ma-
« tériaux et instruments indispensables à l'accomplis-
« sement de sa fonction, à son entretien personnel
« ainsi qu'à celui de sa famille (1). »

Cette théorie positive du salaire, qui donne à l'activité un caractère vraiment civique et qui fait du travailleur un véritable citoyen, a été mise en pratique par
les groupes de travailleurs qui se sont fait représenter
par des ouvriers au Congrès de l'Association internationale.

Ces travailleurs ont pratiquement rejeté l'esprit étroit
des mutuellistes, qui voudraient mesurer à l'aune la va-

(1) *Notice sur l'œuvre et sur la vie d'Aug. Comte,* par le docteur Ro-
binet, p. 90.

leur des services rendus. Les sociétés de résistance régleront l'activité en subordonnant les exigences de l'industrie aux besoins physiques, intellectuels et moraux des travailleurs ; elles supprimeront tout arbitraire tendant à subordonner les qualités utiles des prolétaires aux caprices d'individus qui ne se reconnaissent d'autre devoir que celui de consommer et souvent gaspiller le produit de nos sueurs.

En résumé, la solution du grand problème social exige la transformation des opinions et des mœurs. L'action des socialistes doit avoir pour principal objet la modification intellectuelle et morale des individus, d'où résultera le libre concours des pensées, des sentiments et des actes vers le but commun, qui est le perfectionnement continu de l'*Être suprême*, le seul que nous connaissions et duquel nous tenons tous les bienfaits : l'*Humanité !*

G. MOLLIN.
Impasse Saint-Sébastien, 8.

LISTE

Des Délégués au 4ᵉ Congrès de l'Association internationale des Travailleurs, tenu à Bâle en 1869.

AMÉRIQUE.

CAMERON, délégué de la *National Labor Union* des Etats-Unis et du Congrès ouvrier de Philadelphie (au journal *Workingmans advocat*, à Chicago).

ANGLETERRE.

APPLEGARTH, charpentier, délégué du Conseil général de Londres et de l'Union générale des charpentiers et menuisiers de la Grande-Bretagne (113, Stamford-street, London, S. E).

LUCRAFT, chaisier, délégué du Conseil général et de l'Association des chaisiers de Londres (13, Saint-James-street Islington, London).

COWEL STEPNEY, rédacteur du *Social Economist*, délégué du Conseil général (9 Belton-street, Piccadilly, London).

JUNG (Hermann), horloger, délégué du Conseil général de Londres (4, Lower-Charles street, Northampton-square, Clerkenwell, C. E., London).

ECCARIUS (Georges), tailleur, délégué du Conseil général et de l'Association des tailleurs de Londres (10, Great-Chapel-street, S. W., London).

LESSNER (Frédéric), tailleur, délégué du Conseil général de Londres et des branches allemandes d'Angleterre (4, Francis-street, Gower-street, W. C., London).

FRANCE.

Aubry (Emile), lithographe, délégué de la Fédération ouvrière de l'arrondissement de Rouen (rue de l'Amitié, 12, à Rouen).

Creusot, fileur, délégué de l'Association des fileurs de l'arrondissement de Rouen (Sotteville-lez-Rouen, rue du Carrefour, 110).

Piéton, tisseur, délégué du Cercle ouvrier des études économiques d'Elbeuf (rue du Neubourg, 71, à Elbeuf).

Varlin, relieur, délégué de la section des Ouvriers relieurs de Paris (rue Dauphine, 33, à Paris).

Landrin, monteur en bronze, délégué des Ouvriers bronziers de Paris (rue de Belleyme, 12, à Paris).

Dosbourg, imprimeur sur étoffes, délégué du Crédit mutuel des imprimeurs sur étoffes de Saint-Denis (rue de la Paix, 58, à Saint-Denis).

Durand, bijoutier, délégué de la Société de prévoyance et solidarité de la bijouterie parisienne (rue Ramponneau, 15, à Belleville-lez-Paris).

Roussel, ferblantier, délégué de la Société de résistance des ferblantiers de Paris (rue du Vert-Bois, 22, à Paris).

Flahaut, marbrier, délégué de la Chambre syndicale des marbriers de Paris (boulevard Ménilmontant, 61).

Murat, mécanicien, délégué de la Chambre syndicale des mécaniciens de Paris (rue Saint-Maur, 200, Paris).

Pindy, menuisier, délégué de la Chambre syndicale des menuisiers de Paris (rue du Faubourg-du-Temple, 17).

Mollin, doreur, délégué du Cercle parisien des prolétaires positivistes (impasse Saint-Sébastien, 8, Paris).

Franquin, imprimeur-lithographe, délégué de la Société de résistance des imprimeurs-lithographes (Paris, rue de la Verrerie, 42.

J.-A. Langlois, publiciste, délégué de la Chambre syndicale des tourneurs sur métaux de Paris (rue Mansart, 8, Paris).

Dereure, cordonnier, délégué de la Chambre syndicale et professionnelle des cordonniers de Paris (rue Clignancourt, 17, Montmartre).

Chemalé, maître dessinateur, délégué des adhérents parisiens de l'Internationale (Paris, rue Vavin, 10).

Fauneau, charpentier, délégué de l'association la *Liberté des charpentiers de Paris* (Paris, rue de Charenton, 154).

Tartaret, ébéniste pour marbriers, délégué des marbriers de Paris (rue du Faubourg-Saint-Antoine, 232.

Bourseau, bronzier, délégué de l'Association des bronziers et des fondeurs de Lyon (rue des Remparts d'Ainay, 24, à Lyon).

Oᴜᴛʜɪᴇʀ, menuisier, délégué de l'Association des menuisiers de Lyon (rue Sainte-Hélène, 55, à Lyon).

Aʟʙᴇʀᴛ Rɪᴄʜᴀʀᴅ, tisseur, délégué des corporations des ovalistes et des passementiers de Lyon (quai de Serin, 20, à Lyon).

Pᴀʟɪx, tailleur, délégué des corporations des ovalistes et des tailleurs de Lyon (rue du Cours-Huiton).

Cʜ. Mᴏɴɪᴇʀ, chapelier, délégué de la section des ovalistes de Saint-Symphorien d'Ozon (rue Montesquieu, 53, à Saint-Symphorien, Isère).

Bᴀᴋᴏᴜɴɪɴᴇ, publiciste, délégué des ouvrières ovalistes de Lyon (Genève, 125, rue Montbrillant).

Fᴏᴜʀʀᴇᴀᴜ, menuisier, délégué des Sociétés des menuisiers, des tailleurs de pierres, des maçons et des vanniers, etc., de Marseille (rue Navarin, 15, à Marseille).

Tᴏʟᴀɪɴ, graveur, délégué de l'Association des boulangers de Marseille.

Bᴏᴜᴅᴇᴛ, fabricant de flanelle, délégué de la section de Limoges.

BELGIQUE.

Hɪɴs, professeur, délégué du Conseil général des sections belges (Bruxelles, au Cygne, Grand'Place).

Rᴏʙɪɴ, professeur, délégué de la section liégeoise (actuellement à Genève, Monbrillant, E. 43).

Bᴀsᴛɪɴ, tisserand, délégué de la Fédération de la vallée de la Vesdre (Messonvaux-lez-Verviers).

Bʀɪsᴍᴇᴇ, imprimeur, délégué de la section bruxelloise (rue des Alexiens, 13, à Bruxelles).

Dᴇ Pᴀᴇᴘᴇ, correcteur typographe, délégué des sections du bassin de Charleroi, Fédération de l'Est (rue de Terre-Neuve, 47, à Bruxelles).

ALLEMAGNE.

Sᴘɪᴇʀ, instituteur, délégué de l'Internationale du Brunswick, (Wolfenbuttel, en Brunswick).

Rɪᴛᴛɪɴɢʜᴀᴜssᴇɴ, publiciste, délégué des sections de Cologne et de Solingen (Cologne, rue Gédéon, 36).

Lɪᴇʙᴋɴᴇᴄʜᴛ, rédacteur du *Demokratisch Wochenblatt*, délégué du Congrès d'Eisenach (Leipzig, 11, Braustrasse).

Hᴇss, publiciste, délégué de la section de Berlin, actuellement à Paris (boulevard de Courcelles, 50).

Jᴀɴᴀsʜ, professeur d'économie sociale, délégué de la section de Magdebourg (Bâle, Grenzacherstrasse, in Fischergarten).

Bᴇᴄᴋᴇʀ, faiseur de balais, délégué du Comité central du groupe des sections de langue allemande (rue du Pré-l'Evêque, 33, à Genève).

KRIEGER, journaliste, délégué de la section de Dresde.

BRACKE, délégué de la section de Brunswick.

SCHERER, étudiant, délégué de la section de Barmen-Elberfeld.

BURGER, tanneur, délégué de la section de Leurach (grand-duché de Bade).

BASTIN, tisserand, délégué de la Chambre allemande de Verviers (déjà nommé).

LESSNER, tailleur, délégué des branches allemandes en Angleterre (déjà nommé).

AUTRICHE.

NEUMAYER, rédacteur du *Neusstadler Wochenblatt*, délégué de la section de Neustadt et des sections de la Bohême (Neustadt, 387, Hauptplatz).

OBERWINDER, journaliste, délégué de la section de Vienne.

SUISSE.

PERRET, graveur, délégué des sections de la fabrique d'horlogerie, bijouterie et pièces à musique de Genève (rue du Cendrier, 14, à Genève).

GROSSELIN, monteur de boîtes, délégué des sections internationales de Genève (rue Caroline, 23, Carouge).

GOEGG, rédacteur du *Das Felelisin*, délégué des Sociétés ouvrières allemandes de la Suisse (rue du Mont-Blanc, 25, à Genève).

HENG, graveur, délégué des sections internationales de Genève (rue de l'Entrepôt, 14, à Genève).

BROSSET, serrurier, délégué des sections génevoises (rue de la Nouvelle-Tour-Maîtresse, à Genève).

FRITZ ROBERT, professeur, délégué de la section de la Chaux-de-Fonds (à la Chaux-de-Fonds).

FLOQUET, monteur de boîtes, délégué de la section centrale du Locle (rue du Collége, au Locle, canton de Neuchâtel).

JAILLET, corroyeur, délégué de la section de Lausanne (rue du Pré, 44, à Lausanne).

SCHWITZGEBEL, graveur, délégué des sections du district de Courtelary (à Sonvilliers, Jura bernois).

JAMES GUILLAUME, professeur, délégué de la section du Locle et de la Société des graveurs (à Neuchâtel).

GORGÉ, horloger, délégué de la section de Moutier-Grand-Val à Moutier-Grand-Val).

MARTINAUD, typographe, délégué de la section de Neuchâle (chez M. Guillaume, à Mail, près Neuchâtel).

BURKLI, président et délégué de la Société de consommation de Zurich (Konsumhalle, à Zurich).

GREULICH, relieur, délégué de la section de Zurich (Neumunster, à Zurich).

ESCHBACH, mécanicien, délégué des ouvriers métallurgistes de Zurich.

FREY, ouvrier de la fabrique et membre du Grand Conseil de la République bâloise, délégué de Lutzel-Flû.

BRUHIN, publiciste et procureur général de la République bâloise, délégué des sections réunies de Bâle-Ville et Bâle-Campagne (rue des Jardins, 63, à Bâle).

BOHNY, négociant, délégué de la section de Bâle-Ville (Hutgasse, 8, à Bâle).

LEISINGER, tailleur, délégué de *l'Arbeiter Verein* de Bâle (Gasthaus zur Kanne, à Bâle).

HOLEIBER, serrurier, *idem* (*idem*).

STARKE, teinturier, délégué de la section des cordonniers de Bâle.

COLLIN, marchand, délégué de la section de Bâle-Ville (Freinstrasse, à Bâle).

QUINCHE, rubannier, délégué de la section des rubanniers bâlois (rue Saint-Aubin, à Bâle).

GUT GEROLD, tailleur, délégué des sections des tailleurs de Lausanne et de Bâle (à Bâle, Kromen-gasse, 10).

ITALIE.

CAPORUSSO, tailleur, délégué de la section centrale de l'Internationale à Naples (vico due Porte al Toledo, 10, Napoli).

BAKOUNINE (déjà nommé), délégué de la section des mécaniciens de Naples.

HENG (déjà nommé), délégué de la section italienne de Genève.

ESPAGNE.

FARGA PELLICER, typographe, délégué du Centre fédéral des sociétés ouvrières de la Catalogne affilié à l'Internationale (rue Caders, 22, Barcelone).

SENTINION, médecin, délégué de la Section Internationale de Barcelone et de l'Alliance de la démocratie socialiste (Calle de los Mercaders, Barcelone).

N. B. Deux autres délégués n'ont pu arriver à Bâle pour prendre part aux travaux du Congrès, savoir :

FANELLI, délégué des associations ouvrières de Florence (Italie) ; ce délégué s'étant trouvé malade pendant son voyage pour Bâle, n'a pu arriver jusqu'au Congrès, où son mandat de délégation est parvenu seul.

BALZER, délégué de la section allemande de San Francisco (Amérique). Des circonstances imprévues l'ont arrêté en route, de manière qu'il n'est arrivé à Bâle que le 18 septembre.

FIN.

De l'Unité de la vie et de la doctrine d'Auguste Comte. —
Réponse aux critiques des derniers écrits de Comte
adressée à John Stuart Mill, esq. par J. H. Bridges
(traduit de l'anglais). Un vol. in-8°, chez Dunod, quai
des Augustins, 49. Paris, 1867. . . . . . . 3 fr.

Le Positivisme et l'Économie politique. — Extrait du
cours de M. Pierre Laffitte sur *l'Histoire générale de
l'Humanité*. 2ᵉ édition. Brochure in-8°, chez le même.
Paris, 1867. . . . . 75 c.

Lettre sur la grève des ouvriers en bâtiment, à Londres,
par M. Fabien Magnin, ouvrier menuisier. Brochure
in-8°, chez le même. Paris, 1862. . . . . . 75 c.

SOUS PRESSE :

Positivistes et Catholiques. — Un vol. in-18, par le docteur Sémérie. . . . . » »

7841 — Paris, imprimerie D. Jouaust, rue St-Honoré, 338.